KB214206

눈물 시샘의 향기

정수민

허미와 친구들

머리말

이렇게 다시 두 번째 출판으로 독자님들을 찾아뵙게 되어서 참 감사합니다. 책을 다시 출판할 수 있도록 많이 돌아봐 주신 예수님과 하나님께 감사드립니다.

이번 "눈물. 시샘의 향기"는 개인적으로 제가 많이 아끼는 책입니다. 나오기 전에 목이 쉬도록 기도도 하고 하나님께 많은 간구를 올렸습니다.

작품을 창작하고 1년 만에 세상에 나오네요. 이번 작품으로 돈보다는 저의 문학세계가 세상에 알려지는 계기가 되었으면 하는 바람이 더 큽니다.

대학원 진학을 앞두고 나오는 시집이라 이름이 많이 알려지길 원하는 작가의 마음입니다. 이 모든 영광을 하나님께 올려드립니다.

정수민

목차

눈물

정수민

하늘의 아름다운 별을 안고
꽃님이 아파
눈물을 흘립니다.

하모니카 연주하면
무지개가 하늘에서 내려옵니다.

우주의 하모니
별들의 합창
달나라 옥토끼의 노래

꽃님의 아픈 눈물이
십자가 예수님의 핏빛으로
어머니 하와의 배반이 아파 웁니다.

모든 인류의 어머니여
땅이 우리에게
가시를 내고 엉겅퀴를 내옵니다.

죄 없으신 다윗의 영속
구원자 예수여
십자가에 달리시며
꽃님의 아픈 눈물에 해방되어

우주의 모든 별들이
축제를 열고 있습니다.

차마 부르기에는 가슴시린 이름
아픔... 눈물

하지만 난 ...
맥이 말합니다.

어머니...

이제는
눈물을 그치시라고...

민족과 나라의 한이
물러갔다고

그 춥고 모진 겨울도 지나고
거리의 플라타너스와
은행이 햇살에 웃고

한강이 유유히 흐릅니다.

어머니가 계신 곳은
계룡산 자락이 아니라
이 도시
한양천도 600년의
서울입니다.

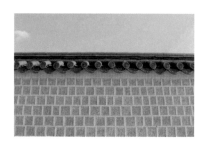

어머니...
아픔을 털고 일어나셔서...

저와 함께
비행기에 몸을 싣고
미국 대륙을 밟아 보아요.

저 광활한 대지의 나라
나를 태어나게 한
선교사의 고향

맥이 출생한 저 지성
최고의 하버드 문을 두드리고
미국 잔디를 밟고

울어 보아요.
그때는 어머니의 한이 풀어질 거예요.

십자가

정수민

자려고 눈을 감으면
환상중 예수 십자가
가시 면류관이 보이고

눈물로 눈물로
십자가 앞에 마음을 쏟는다

골고다의 그 아픔
그 핏줄기.

세상을 버리고
명예를 버리고
출세를 버리고
사치와 화려를 버리고
말없이 십자가를 따른다.

어린 시절
홀로 책과 벗하며
잠이 들면
조용히 나를 안아 주시던
그 따스한 품이
이제는 십자가로 다가온다.

면류관 면류관
생채기난 아픈 면류관
온 인류를 향한 그 아픈 사랑.

예수여
내가 웁니다
예수여
내 영혼이 이 민족을 향해
아파 웁니다.

십자가 십자가 십자가
내가 지고 가겠습니다.

높은 도수의 안경에 서리가 내리면
더듬더듬 성경을 찾아
혹 내가 예수를 잊을까.

칼날의 아픔
예수의 명령은
아픈 칼날이 되어
나를 쪼개고

예수여
당신의 십자가만 찬양합니다.

눈발 휘날리는 날

정수민

그때는 눈발이
희끗희끗 날리는
11월이었습니다.

3평도 안 되는
조그마한 고시원 방
집에서 그리 멀지 않은
건국대 고시원입니다.

24살
아직 21세기기 밝기 전'
모으고 모아둔 18만 원을 내고

210호에 칩거 중입니다.

뒤가 불룩 나온
몇 대 안 되는 컴퓨터

법대 총무 오빠가
한참 공부를 하다 끙끙 거리며
인터넷을 연결해 줍니다.

고시원 2층 전체에
컴퓨터를 소지한 학생은
저뿐입니다.

작은 창 사이사이로
눈발이 희끗거리지만
신춘문예 뚫기를 목표로
소설작업을 합니다.

무지 배가 고프지만
딱히 반찬이 없어
김치 하나놓고
밥술을 뜹니다.

아버지

정수민

낡은 투지 핸드폰에
아버지 번호가
찍혀 울립니다.

작은 창에 눈발이
좀 심하게 날리네요.

아빠
수민아 아빠 먼저 간다.
밥 먹고 공부해라.

아버지 마지막 유언
밥 먹고 공부해라.

30년을 삼표연탄
정비기술 책임자로
근무하신 아버진
21세기를 맞이하지 못하고
진폐증으로 가셨습니다.

아버지!
낮은 음성으로 불러 보지만
그저 물에 밥을 말아먹고
자판만 조용히 두드립니다.

비둘기

정수민

파란 하늘에 새가 날아요.
전신줄 위에
비둘기가 모여 있어요.

중앙선 타는 역에
비둘기와 사람이 함께 있어요.

노아의 방주.
먼저 물이 마른 것을 알려준 비둘기.

성경책

정수민

이리저리 둘러보며
성경책을 찾아요.

내 성경. 내 성경.
뒤돌아보니
집에 있는 성경을
모두 나눠주고
젊은 날 읽은
성경의 내용으로
하루를 살아요.

안경을 벗고 싶어.
언제나 똑같이 콧등에
30년째 걸쳐 쓴 안경.
지금은 그 안경을 쓰고도

보이는 게 흐릿해요.

아버지 무릎에서
다섯 살부터 읽었던
여러 가지 이야기 책.
어느덧 지난 시간 속
책밖에 모르는 바보가 되었군요.

당신의 십자가

정수민

주여
당신의 손등에
올려드릴 작품이
아직 내겐 없습니다.

당신을 찬양하겠다는
고2의 약속.
그 약속
하나만 기억하고

젊은 청춘을
책속에 묻었습니다.

그러나
이제 더 이상
이 삶을 지속할 의미를
찾지 못함은

서울이 점점 십자가를
내리고 있기 때문입니다.

날 구원하신 당신의 십자가.
그 십자가 빛따라
내가 살았는데

서울 하늘에는
십자가가 사라지고
나의 눈물은 땅에 떨어지며
당신이 오시기만을 바라나이다.

눈물 2

정수민

하늘의
아름다운 별을 안고
꽃님이 아파
눈물을 흘립니다.

하모니카 연주하면
무지개가 하늘에서
내려옵니다.

우주의 하모니
별들의 합창

달나라 옥토끼의 노래

꽃님의 아픈 눈물이
십자가 예수님의 핏빛으로
어머니 하와의 배반이
아파 웁니다.

모든 인류의 어머니여
땅이 우리에게
가시를 내고
엉겅퀴를 내옵니다.

죄 없으신 다윗의 영속
구원자 예수여
십자가에 달리시며
꽃님의 아픈 눈물에 해방되어

우주의 모든 별들이
축제를 열고 있습니다.

예수 십자가

정수민

자려고 눈을 감으면
환상 중 예수 십자가
가시 면류관이 보이고

눈물로 눈물로
십자가 앞에 마음을 쏟는다.

골고다의 그 아픔
그 핏줄기.

세상을 버리고.
명예를 버리고.
출세를 버리고.
사치와 화려를 버리고
말없이 십자가를 따른다.

어린 시절 홀로 책과 벗하며
잠이 들면
조용히 나를 안아 주시던
그 따스한 품이
이제는 십자가로 다가온다.

면류관 면류관
생채기난 아픈 면류관
온 인류를 향한 그 아픈 사랑.

예수여
내가 웁니다.
예수여
내 영혼이 이 민족을 향해
아파 웁니다.

십자가 십자가 십자가
내가 지고 가겠습니다.

높은 도수의 안경에 서리가 내리면
더듬더듬 성경을 찾아
혹 내가 예수를 잊을까.

칼날의 아픔
예수의 명령은 아픈 칼날이 되어
나를 쪼개고

예수여
당신의 십자가만 찬양합니다.

너는 바보

정수민

우르릉 꽝
천둥번개가 치고
하늘이 열립니다.

퍼드득
놀란 비둘기가 모이를 쪼다
모두 하늘로 날아갑니다.

꽝.꽝.꽝
가슴에 대못이 여미고
십자가가 내려옵니다.

오!!!
대지의 신이시여

아!!!
하늘의 아버지시여

이 거대한 우주와 지구의 창조자가
제우스.
당신이란 말입니까?

푸드득
갑자기 까마귀가 날며 비웃습니다.
너는 바보.
너는 바보.
너는 바보.

창조주도 모른단 말인가?
인간이라는 허울을 쓴 바보야.

하늘이 비를 토해냅니다.

니체의 불이시여.
불이여
활활 타올라라.
나의 아버지는

배화교니라.

엘리야가 무릎을 사이에 두고
알 수 없는 기도를 하니
하늘이 빗줄기를 토해내며
......

나는
진정한 바보입니다

정수민

시가 쏟아지는 출근길

하늘이 파랗게
보이는 닐에는

구름빛 속 캠퍼스 속에
너를 그려본다.

청춘의 17세
학교 도서실에서 만났던
싱그러운 우리들의
청춘을 노래한다.

빗물이 쏟아지는 캠퍼스에
난 시집을 들고 달려보며
교복 속을 뚫고 흘러드는
빗줄기의 촉감 속에
시가 터진다.

그렇게
3년 동안 함께했던
우리들의 푸른 캠퍼스가

더욱 그리운 오늘이다.

지하철 왕십리역
출근길에.

어머니의 손가락

정수민

마디마디가
시려 시려

가슴이
저려 저려

눈물이
왈칵 왈칵

그 피맺힌 마디 속에
그리스도의 십자가가
보여 보여

빗줄기가
쏟아지는 날이면
그 빗줄기를 타고
눈물이 흘러 흘러

가슴에 파랗게 시린
멍줄기
씻을 길이 없이
십자가가 되어
평생을 살아가.

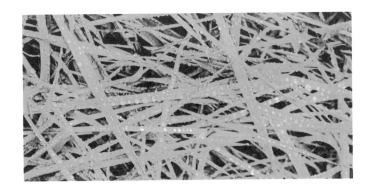

가고 싶어요

정수민

저는 이제 제 삶을 다하고
저 천상의 세계로 가고 싶습니다.
나를 더 이상 잡지 마세요.
내가 태어난 고향
그 집이 있는 곳.

저 천상의 나라에 들어가
노래하며 춤을 추며
가시 면류관을 머리에 꽂고
찬양을 부르며 다시 태어나고 싶습니다.

님이시여

님이시여
저를 보내주세요.
님께서 잡고 있는 절 놓아 주셔야만
날 수 있습니다.

오호.
사랑하는 그대여.
왜 저를 두고 천상을 향하여
가시려고 하십니까?
내가 당신을 위해
이 지상의 세계에 아름다운 것들과
풍요로운 향기로운 물품들을 많이 준비했는데

그대여.
그대의 아픔을 내게 말해 주세요.
혹 그 가운데서 당신의 영혼의 상처가
치유될 수 있습니다.
어둡지 만은 않은 이 삶이 감사하지 않나요?

그대여.
그대 떠나갈까...
그대를 매여 잡고 있는 이 줄은
더 이상 아무에게도 맡기지 못하고
그대에게 풀어주지 못합니다.
내 사랑 그대여
나 그대를 떠나보내지 못합니다.

어머니

정수민

어머니
당신의 이름은 제 가슴속 눈물입니다.
고이고이 그 이름이 가슴에 쌓여
이슬에 맺힌 눈물이 되었습니다.

어머니
감사합니다.
저를 작가로 키워 주시고
하나님 앞에 받쳐주신 그 믿음과
사랑에 감사의 표현을 다해봅니다.

잠을 설치는 밤이 되면

핏발 같은 기계 끝에
마디 한마디가
잘려 나가는 그 아픔이
나를 잠 못 이루지 못하게 합니다.

그 핏줄기를 흰옷에 튀기고.
가슴에 튀기고
그리고 나의 심령에 튀기었습니다.

어머니
그렇게 어머니의 이름은
제 가슴속
핏줄기입니다.

새벽이 오는 길목에서

정수민

뿌연 안개가
거실너머 베란다 문을 통해
들어옵니다.

시계의 촉각거리는 숨소리에
나의 문학 인생을
가늠해 봅니다.

젊은 청춘을
모두 문학에 받쳤습니다.

설거지를 하고,
홀서빙을 하며
12년 이상 되는 세월을
아르바이트하며
이 시를 완성했습니다.

밤마다 잠을 자는 것은 고통이요.
이 새벽이 오는 길목에서
나의 정신은 또렷하며

어떤 약도 쓰지 않아도
저는 이 흰 백지를
채워 나갑니다.

아가! 연서야~~~
아직 나오지도 못한 나의 장래
아이의 이름을 지으며

불러보며,,,
편지를 띄워 봅니다.

그렇군요.

한참 무슨 공부를 하다가
다시 문학으로 턴해
시가 완성됩니다.

그것은 나의 생명입니다.

이렇게 문학의 새벽이 밝아옵니다

모진 바람의 약속

정수민

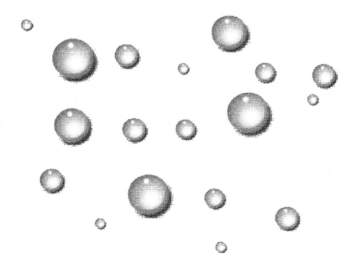

눈물이 흘러
눈물이 흘러
눈물이 흘러

아름다운 10대의 약속

하늘이 아름다워
하늘이 아름다워

내 앞에 펼쳐진
저 하늘이 시리도록
아름다워
눈물이 흘러

바람이 불어
바람이 불어
바람이 불어

그 바람 앞에 약속을 하지.

나는 문학의 길을 걷겠다고
아니 평생을 문학을 위해
살겠다고

바람 앞에 눈물로 약속을 하지

날카로운 키스의 추억처럼
10대 첫글을 대하는 내 마음은

그 키스와 같이
뼈저리게 각인이 되어
흐르지

구름이 흘러
구름이 흘러

구름이 흘러

그 흘러가는 구름을 따라
이제 내 나이가 하늘의
뜻을 아는 지천명이네.

아름다웠던 지난 시절

정수민

꿈길을 따라
두둑 두둑 흘러가는
철길을 따라
내 주님 계신 곳으로 가렵니다.

나를 위해 십자가 지신
그 골고다의 언덕까지 올라
십자가 앞에서
이 눈물을 쏟으렵니다.

세상은 과학이 눈부시게

발전을 하여
늙음도 막아지고
쭈글해진 나이의 피부가
젊어진다고 합니다.

책을 보며 살았던 지난시절
그 책과 함께 이제 저는
청년의 시절을 마감했습니다.

주님
고백합니다.
저 책 속의 세상과
성경 속의 인생이
아름다웠다고

순전하신 주님의
그 보혈의 피가
내 영혼에 뿌려지고
내 죄를 희석할 때
참으로 아름다웠다고

그 십자가를 지신
골고다를 지나
내 주님 계신 곳으로
내 영혼이 갈 때
내 육체는 흙이 되겠지요.

내 육체는 순종합니다.
내 고향 중랑의
어느 망우산 옆에
흙이 되고 물이 되어 흐르고
내 본향으로 영혼이 향하지요.

나의 육체를
이루고 있는 영혼이
주님께 고백합니다.

이 삶이 아름다웠노라고
내가 태어난
수도 서울 600년의
마지막 모습이
찬란했노라고

나의 인생이 찬란하였고
나의 생이 아름다워
내가 울며 울며 주님을
붙잡았노라고

이 삶의 생이 마감하는 날
주님 때문에
내가 아름답게 살다 가노라고.

내 영혼이 고백합니다.

제우스의 눈물

정수민

올림퍼스 최고의 신이
한 가녀린 소녀의
기도에 눈물을 흘립니다.

소녀는 제우스신이
자기를 사랑하는지도
모르고
자기에게 연민의 정이
있는지도 모르기 때문입니다.

제우스는 소녀가 자기를
바라보길 원하고

자기가 소녀의 모든 것이 되길
원합니다.

그러나 소녀는
오직 딴 신들에게
기도를 하고
제사를 지냅니다.

소녀가 드리는 제사의 불이
올림퍼스 안에
활활 타오릅니다.

숫양을 잡고
번제를 드리며
화목제를 드립니다.

제우스는
차마 눈을 들어
그 제사를
훼방하지 못합니다.

소녀는
유대의 신을 찾습니다.
그러나 유대의 신은
침묵이 깁니다.

그렇다고
제우스가 소녀에게
화답하는 것도 아닙니다.

소녀의 애절한 기도에
제우스는
자신을 과시하지도 못한 채
그저 바라보기만 할뿐입니다.

어린 시절

정수민

아프고 주린 배를 쥐고..
책을 펼치면..
활자가 춤을 쳐.

통장에 잔고가 얼마 남았나.
고객센터로 확인전화
"정수민님의 잔액은 1350원입니다."

아
"1350원... 사발면 하나 구입"

책은 갈수록 집안에 쌓이는 속도가 늘고
그럴수록 나의 통장의 잔액은 0원을 향해 달려가지만.

바람이 아직까진 스산하다.
웃옷 두 벌 갖고 대학원을 가기 위해
할머니 고향으로 내려와..
짐을 푼다.

어린 시절 엄마 등에 업혀오던 외할머니 고향땅
대청마루가 있고.

벼들이 나를 향해 인사하고
흙밭과 논밭이 즐비했는데

모든 것이
아스팔트로 갈아 버렸다.

너무 재밌게 놀던 서울 중랑의 고향
어느 곳에도 나의 유년시절의 풍경은
찾아볼 수가 없다.

그저 나의 추억 속에 가지런히
앨범이 되어 남아있다.

한강이 유유히 흐르지.
그래 한강이 유유히 흘러

세계 경제대국 10위
세계 10위 안에 드는 이제 국제인의 도시가 된 서울

한양천도 600년의 유구한 역사가

한강물과 함께 흐르지.

"대한독립 만세"
"대한독립 만세"
"대한독립 만세"

3.1운동이 일어난 지 벌써 어언 100년.
한국을 지탱하던 이화학당의 유관순 열사.

나도 알아
"대한독립 만세"

하지만 이 쉬운 만세를 부르고
수없이 많은 사람들이 죽어갔지.
그 핏줄기들도 한강으로 흐르고 있지.

다시 배가고파 고객센터에 전화
"정수민의 잔액은 870원입니다."

이걸로 뭐를 할까?
책장이 나풀나풀 거려.
아프고 주린 배를 움켜쥐고
작은 소리로 읊조려
"대한독립 만세... 대한독립만세"

이러면 배고픔이 들어갈까
아니야

그렇게 나의 잔액은 0원을 향해 가면서
아름다운 서울의 한강은
오늘도 나의 마음속까지 `
유유히 흐른다.

별빛과 달빛

정수민

나는 꿈을 꾸었습니다.

하늘에 하나밖에 없는 달빛이 되고 싶었습니다.

나는 기도를 하였습니다.

하늘에 무수히 빛나는 별들 중에 하나가 되고 싶었습니다.

아무도 내게 아침이 올 거라고 알려 주지 않았습니다.

세상을 환하게 비추는 것은

오직 별빛과 달빛만이라고 생각하였습니다.

그러던 어느 날.

전혀 잠이란 걸 모르던 제가 잠들어 환한 아침을 맞았습니다.

전생에 처음 있는 날입니다.

지구의 공전을 따라 나도 계속 공전하기에

아침에 해를 보지 못했는데

어두운 밤을 지나 별빛이 사라지고 달빛도 빛을 감추고

이글거리는 태양빛이 있다는 것을 알았습니다.

태양빛..

인생의 깊은 어둠을 지나면 이처럼

밝은 내일이 있다는 걸 태양빛을 통해 깨닫는 하루입니다.

♡♡

"시는 소중하고 아름답다.
삶으로 드러내는 시는 더 아름답다.
시는 자연을 노래하고
시인은 자연을 통해 시를 만들어낸다.
자연과 사람이 어우러져
아름다운 행복이 만들어진다.
그 위에 사랑의 별이 떨어지면
더 멋진 시가 탄생된다."

눈물 시샘의 향기

초판인쇄 2020년 5월 1일
지은이 : 정수민
펴낸이 : 김영훈
펴낸곳 : ㈜허미와친구들 한국창의퍼즐교육연구회

주   소 : 서울 금천구 가산디지털2로 108, 909호
도서주문 및 문의 : 010-6533-7621
* 한권 배송(착불), 세두권 이상 무료배송,
(10권 주문시 권당 7000원, 50부 이상은 권당 6500원)

인쇄 : ㈜허미와친구들 한국창의퍼즐교육연구회
ⓒ2020, 초록네트워크